# 지나간 발자국에 꽃이 핀다

양승자 시집

시와사람

ⓒ 양승자, 2022
이 책의 저작권은 저자에게 있습니다.
저작권에 의해 보호를 받는 저작물이므로
저자의 허락 없이 무단 전재와 복제를 금합니다.

지나간 발자국에 꽃이 핀다

■ 시인의 말

두 갈래의 길이 있었다.
가지 못한 미지의 길을 못내 그리워했다.
그 곳은 가지 못하고 멀리서 바라보고 있었다.
이제 하나의 길은 접어지고
그리워 했던 새로운 길을 가려고 한다.
끝은 종결이 아니라
또 다른 새로움의 시작
발자국에 남겨진 의미를 생각하며
오늘도 뚜벅뚜벅 걷는다.
억겁의 시간이 지나도
보고싶은, 내 사랑하는
부모님께 이 책을 바칩니다.

2022년 오월
양승자

차례

■ 시인의 말

# 1 최후의 순간

최후의 순간 · 15
무소유 · 16
나를 바라보다 · 17
대나무에게 배우다 · 18
꿈꾸는 자 · 19
쓰디 쓴 약을 마시고 · 20
나만 아픈줄 알았다 · 21
미완성의 미학 · 22
벚꽃 · 24
술 · 25
흔들의자 · 26
벚꽃같은 · 27
쇠소깍 · 28
겨울 지나 봄 · 29
좁은 길을 걸으며 · 30
이보다 더 좋을 수 있을까 · 32
인디언처럼 · 34

자연속에 스미다 · 35
사람만이 말하는 것은 아니다 · 36

## 2 멀어질수록 당신 곁으로 간다

멀어질수록 당신 곁으로 간다 · 39
너를 향하여 · 40
나는 그대를 바라보지 못한다 · 41
꽃바구니 · 42
별 · 43
비가 내리는 날 · 44
설레임 · 45
별이 빛나는 밤 · 46
너를 생각하면 뜨거워진다 · 47
징검다리 · 48
너를 적시고 싶었다 · 49
봄날에 · 50
운명처럼 네게 다가와 · 51
너무 아프지 않았으면 좋겠습니다 · 52

너의 아픔이 꽃으로 피어날지도 몰라 · 54
안개 낀 날 · 55
미지의 여인에게 · 56
넌 참 예쁘다 · 57
한 송이 꽃을 피우기 위해 · 58


## 3 추억의 힘

추억의 힘 · 61
아직도 거기에 있습니다 · 62
내 상상력의 원천 · 65
내게서 부모님을 보다 · 66
언덕에 앉아 · 67
저녁노을 · 68
산채비빔밥 · 69
너를 기억하고 싶다 · 70
풍등 · 71
어여쁜 나의 신부여 · 72
시를 만나다 · 73

향기로운 시 · 74
위선자 · 75
시가 오는 날 · 76
혼돈속에 탄생한 진주 · 77
아파하지 말아요 · 78
지나간 발자국에 꽃이 핀다 · 79
서운한 생각 · 80


**4** 슬픈 여인

슬픈 여인 · 83
뒷모습 · 84
철없는 아이 · 85
4월의 시 · 86
지적공동체 · 87
지지않는 꽃 · 88
바람 결이 거칠다 · 89
대못 · 90
한 사람 · 91

헛된 망상 · 92
색깔있는 남자 · 93
태초처럼 · 94
고요하다 · 95
여름을 지나며 · 96
하늘바다 · 97
길을 떠나다 · 98
아침 · 99
회백색 아침 · 100

|해설|
삶의 의미 모색과 지독한 사랑, 그리고 고향의식
/강경호 · 103

#  1

## 최후의 순간

# 최후의 순간

흘러가는 세월을
바라만 보지말고
하나하나 소중한 것들을
초침에 걸어보아요

날마다
오늘은 내가 세상에 태어나
처음으로 주어진
가슴 벅차게 아름다운 날

마지막이 될 수도 있는
떨림의 순간.

# 무소유

비 오는 날 나뭇잎은
빗방울 하나도
움켜질 수없다

바닷물이 넘치지만
한움큼도 잡을 수 없고

미워하는 마음도
가슴 속에서 뱀을 닮은
날름거리는 혀도

흩날리는 눈도
어느덧 사라지고

우리의 인생도
빈손으로 왔다가
눈처럼 사라지는 것을.

# 나를 바라보다

거울을 본다

한번도 정면으로
볼 수 없는 나를
바라본다

내 얼굴의 생김새
내면의 소리도 들어본다

혼자 중얼거린다.
동정심없는 세상을
살아가기 위해
거울 속의 나를 닮은 너와
사귀어 보려한다.

## 대나무에게 배우다

잘 포장된 고속도로를
달릴 때도 있지만
때때로 굽어도는 길도
예기치 않게 온다

신호등 앞에서
잠시 멈춤의 시간
인생도
어찌 이런 날이 없으랴

솟아오르는 대나무처럼
중간 중간에 매듭을 지어
튼실하게 해주는
밑받침이 된다.

더 높은 곳에서도 넘어지지 않게
바람에 휘어져도
부러지거나 쓰러지지 않게
속을 비우고 매듭을 지어서.

# 꿈꾸는 자

폐지처럼 버려지는 나날의 일상에
지루한 평화가 흐른다

두근거리는 혼란이 있을 때는
평화를 기대하지만
안락한 의자가 있으면
흔들리며 잠들고 싶다

오늘은 혁명을 꿈꾸며
반란을 꿈꾸며
비틀 거리고 싶다.

# 쓰디 쓴 약을 마시고

훌훌 털어버리고
홀연히 서있는 겨울나무처럼
호화로운 칭찬과 격려도
멀리 사라지고
고요한 시간을 맞이한다

고독은 처절함을 동반하지만
행복과 같이 한다

쓰디든 약을 들이마시고
쓰라린 지나온 길을 뒤돌아보면
겨울바람 앞에선 나목처럼
바르르 떨고 있다.

# 나만 아픈줄 알았다

너의 아픔을 보지도
생각지도 못하고

우리의 삶이
항상 뜻밖에 다가오듯
운명도 말없이 다가온다

내가 힘겨울 때
나만 보려하지 말고
주변을 돌아봐

생각을 조금만 옆길로 돌려봐
쥐고 있던 손을 펴봐

경직된 마음을 풀어봐
시간이 약이라는 말처럼
이 또한 지나갈거야.

## 미완성의 미학


어쩌면 우리의 삶은
밤하늘의 빛나는 별빛인지도 몰라

인간이 태어나 하나씩 알아가고
어느 순간에 깨달음을 얻는다는 것은
경이로운 일

아무리 말을 해도 알아듣지 못했던 것들이
찰나적인 순간에 느낌이 오는 것은
완성의 단계로 한걸음 나아가는 것

그 누구도 만들어낼 수 없는
창의적인 순간

한계단 한계단 오르다보면
천국의 계단이 연결되어 있을 것

생과 사의 경계선을 넘으며
태양은 지고있다

또다시
바다를 가르며
저편 언덕을 넘어오겠지

우리 삶을 따사롭게 비추며
덩실 덩실
춤을 추고 올거야.

# 벚꽃

활짝 핀 꽃이
하루아침에 바람에 떨어지고
마음의 꽃도 졌다

인생이 다 그런 것을 알지만
아직도 힘들어한다

화려한 꽃도 져야만
열매가 자라고
새잎이 피어나는
세상의 이치.

정준은 잠깐이어서
새싹처럼 파릇 파릇한 세월을
견고하게 견뎌야 하지 않겠는가.

# 술

도저히 참기 힘들 때
그래서 죽고 싶을 때
술이나 실컷 마셔보는거지
그래서 술에서 깨어나면
나에게 주어진 삶
최선을 다해서 살아보는거지

나에게 더이상 많은 것을 바라지 마
술 마시는 것도 내 인생이야

이런 내 모습이
내가 할 수 있는 최선이야
그러므로 술을
마약 같은 것이라고 하지 마
내 인생을 비겁하다고 하지 마.

# 흔들의자

인생은 흔들리는 나무
바람소리에도
빗소리에도 흔들리는
연약한 존재

내 안에서 외치는
처절한 외로운 울림

무엇이 마음을 울리는지
소리쳐본다

편견과 아집으로 상처내고
아픔으로 물들이는 인생

정의를 부르짖어 보지만
듣는 이 없고 외면하는데

오늘도 흔들거리며
거리에 나선다.

# 벚꽃같은

거리거리마다
가지가지마다
풍성하게 피어나는 벚꽃

딱딱한 몸채에서
가지를 뻗어내고
싹을 틔워
꽃을 피어내는
인고의 시간이 지나

비 오고 바람 불면
꽃눈 같은 몸 허공에 자진하여
하루 아침에 없어질
허무한 꽃이지만
쉬지 않는 꽃을 피운다.

# 쇠소깍

바다는 바다
강은 강
자연스럽게
만나 어우러진다

강물은 짜고
바닷물은 싱거웁다
서로가 구별되지 않고
조금씩 섞여간다

여행지에서 찾아간 교회당
중국인과 한국인
낯선 이방인이 아니었다

자연스런 만남을 지속시키고
거부하지 않았다

지금은 서로에게 편안함을 선물한
민물과 바닷물이 되어
짠맛을 고집하지 않는다.

# 겨울 지나 봄

날씨가 추우니 마음도 춥고
삶이 곤궁하여 밥도 차고
모든 세포들도
움추려든다

웅크린 가슴을 활짝펴고
봄비를 맞으며
생각에 잠긴다

아려오던 그 병은 서서히
봄꽃으로 피어난다.
겨울을 이겨낸
봄동이 달다.

# 좁은 길을 걸으며

핑크빛 진달래가 피어있는
좁다란 숲길을 걸으며
만개한 꽃잎의 향기에 취한다

누구도 방해하지 않은
아무도 없는 산길
홀로 걸어가는 시간에
나는 황홀하다

누구도 대신 살아줄 수 없는
짧은 시간이지만
몇 권의 소설 같은 이야기를 쓰며
살아가는 목숨이다

도저히 예측할 수 없는
인생은 상상의 시간
오늘은 마스크를 쓰고
누구도 겪어보지 못한
길을 간다

누군가는 금수저로 태어나고
누군가는 흙수저의 시간을 살다 가지만
또다시 하루가 가고
우리는 시간을 거부해도
오래된 나무가 쓰러지듯
우리도 이 길에서 쓰러져
찰라같은 200년
나무가 되거나 풀벌레가 된다.

# 이보다 더 좋을 수 있을까

빛바랜 간판처럼
잊고 살았던 세월을
이제야 알게 되었나 봐

툭 던진 한 마디에도
껄껄껄 웃을 수 있는
천진난만한 순수함이
아직도 남아있다는 게
꿈만 같다

쓰러지고 넘어지고
다시 일어나 달리고 뛰고
숨가쁘게 살아왔던 시간들

잠시 한가롭게
지친 마음을
노란 유채밭에 내려놓는다

나를 찾아 떠나는 여행
아낌없이 줄 수 있는

마음 하나 움켜쥐고
남은 인생을 함께 살아보자

궂은 일은 다 잊어버리고
이제는 웃기만하기
이제는 행복하기
이것만 기억하고 싶다.

# 인디언처럼

우리나라 여성들은
집안일과 직장을 겸하느라
힘겹게 살아간다

누가 알아주지 않아도
여성은 위대하다
엄마는 더 위대하다

립스틱 짙게 바르고 나면
없던 힘도 생겨난다

삶의 현장으로
붉은 깃발 들고
인디언처럼 달려간다.

# 자연속에 스미다

쓰러진 나무가 흙으로 돌아가는
200년,

실개천, 푸른잔디, 숲속카페, 군고구마,
달달한 커피, 아메리카노.
당신의 사랑 가득한 밥상,

숲속의 아늑한 콘도,
당신의 따뜻한 미소가 담긴 특선갈비,
당신의 검은 마스크속에 가려진 대박사건,

잔잔한 호수에 비춰진 아름다운 동행
이틀 동안 자연과 하나되는 느낌이
감미롭게 스며드는.

# 사람만이 말하는 것은 아니다

온 세상이 잠든
납덩이처럼 무거운 밤
바람이 가볍게 살라한다
별빛은 초롱초롱 눈을 크게 뜨고
말하지 않아도 말을 한다
꽃잎은 향기처럼 살라한다
빗방울은 함께 모인 호수처럼
이웃과 살라한다

사람만이 말하는 것은 아니다
사람의 말은 비수같아
무엇이든지 찌르지만
바람과 별과 꽃잎은
말하지 않아도 착한 말을 한다

겨울 햇빛은
손등을 살포시 감싸며
뜨거운 말을 한다
마침내 봄을 데리고 오겠다고
희망의 전언을 한다.

# 2

멀어질수록 당신 곁으로 간다

# 멀어질수록 당신 곁으로 간다

당신이 먼 곳에 있어
몸이 멀면 생각도 멀어진다는데
멀어질수록 당신 곁으로 간다

당신이 있는 곳에
내 생각이 머물고
무수한 생각은 지뢰밭을 건너
높은 벽을 넘는다
탱자나무 촘촘한 당신의 집으로 향한다

지뢰에 발목이 잘려나갔어도
탱자나무 울타리를 넘어
당신 곁으로 가는 것은
당신이 내 곁으로 못 오기 때문이어서
나의 전부인 당신이 위리안치 당하고 있어서
지뢰에 잘려나간 다리를 질질 끌면서도
당신을 안는다.

## 너를 향하여

무심코 너에게로 가고있다
무의식 속에 네가 내 안에
머무르고 있었나보다

너를 생각하면
유년에 온 마을 가득했던
저녁밥 짓는 연기 같은 사랑에
숨이 막힌다

너에게로 가는 길은 가뭄이 길어
며칠째 산불이 타고 있어도
그래서 화상 뿐인 몸이어도
너에게로 산다.

# 나는 그대를 바라보지 못한다

1억5천만킬로를
빛의 속도로 내게 다가와
따스하게 비춰주는
나의 사랑이여

나는 눈이 멀어
그대를 바라보지 못하고,
그대는 내 피부를 뚫고
피 속으로 흘러들어와
나와 함께 하였다
삶의 원천이며
에너지여서
그대를 향한 내 마음은
눈이 멀었다.

# 꽃바구니

향기로운 꽃처럼 내 곁에 다가온 당신
감미롭게 코끝을 스치며 지나가면
곁에 있어도
당신이 그립습니다

화사한 색채와 향기로
아름답고 풍요롭게 살 수 있도록
함께해준 당신

꽃바구니에
알알이 담겨진
그대와 내가 쌓은 수많은 이야기들

오늘은 그대에게
꽃바구니 하나 바칩니다.

# 별

하늘에는 수많은 별들이 있지만
단 하나의 별만 반짝입니다

멀리 어둠 속에서 내게로 달려오는 별빛
그것은 복음의 메시지여서
내 마음에 큰 파장이 일렁이고
마음이 설레입니다

오늘 밤은 구름이 끼어
그대가 궁금하여도
내일이면 너는 내게로 달려올 것,
이 허허로운 우주 공간에
단 둘이 존재하는 것 같아서

유난히 하늘이 맑은 밤
수만광년 아득한 거리여도
우리는 마주봅니다.

# 비가 내리는 날

커피향내 가득한
찻집에 앉아
당신을 그리워합니다

살면서 내려놓는 것이
익숙하지 않습니다
당신이 몸서리치게 그리운 날은
잡으려고만 애썼던
마음까지도 조용히
빗줄기에 흘려보냅니다.

## 설레임

회색빛 하늘
당신의 만남을 예견하듯
뜻밖에 봄눈이 내리고
봄눈처럼 다가온 당신을 만나
설레입니다

흰눈이 봄햇살 사이로
살며시 수줍은 미소를
머금고 있습니다

얼어붙은 대지여도
뜨거운 내 마음 속에
당신이 내 마음에 녹아
나를 적십니다.

# 별이 빛나는 밤

오늘은 달빛이
짙은 안개처럼 포근합니다

유리창에 입김을 호호 불어
달빛같은 너의 모습 그리면
검은 밤 하늘에 빛나는 별 하나

유난히도 반짝이는 별빛이
내게 손짓하듯 나를 부르는 밤
날이 새도록 유리창 너머 별을 바라보고
그날 밤 나는
지상에서 빛나는
별이 되었습니다.

# 너를 생각하면 뜨거워진다


나이 들어가면서 감정이 무뎌져
설레임을 느끼지 못할까봐
두렵다

너를 생각하면
나는 스무 살

그러나 현실은
풍상 맞은
절벽 위의 오래된 소나무

굳어져가는 몸과 마음을
서서히 풀어야겠다

너를 생각하자
몸이 뜨거워지기 시작한다
이러한 떨림이 오래 지속되기를.

# 징검다리

당신이라는 점 수만 개가
내 인생의 동그라미가 되었습니다

이 빠진 동그라미가
당신이 있어
무봉의 동그라미가 되었습니다

당신은 강가에
든든하게 놓여있는
징검다리가 되었습니다

당신이 없었더라면
저 강을 어찌 건널 수 있었을까요?

# 너를 적시고 싶었다

너의 아픔은 나의 절망
너의 상처는 나의 깊은 한숨

꽃길을 걸어가는
너의 모습을 보면 행복했다

최선을 다하는 땀 흘리는
너의 모습 아름다웠다

내 몸엔 잠자리처럼
물방울 같은 많은 눈이 있어
너를 지켜보고 있다

너의 생은 나의 목숨이어서
나의 뜨거운 수만 개의 물방울로
너를 적시고 싶었다.

# 봄날에

따사로운 햇빛
살랑이는 바람
시냇물 따라
내 마음은
그대 곁으로 가고 있어요

봄의 꽃잎으로
연초록빛 여린잎으로
자연과 하나가 되었어요

까마득한 봄날이었지요
당신은 꽃으로 피어나고
나는 연초록 여린 잎으로
봄이 다 가고
계절이 이슥해지도록
당신과 함께 했던 날들이
희미해지는
또 다른 봄날에.

# 운명처럼 네게 다가와

내 옆에 아주 작고 단아하고
겸손한 모습으로 쪼그리고 앉아있다

나도 모르는 나를 발견하게 하고
나의 속을 깨끗이 씻어준 당신

언제 어느때든
함께 있어준 당신

당신이 있어 외롭지않네
인생 마감하는 날
너는 세상에 남아 나를 대변하겠지
고맙고 감사하고 사랑해.

# 너무 아프지 않았으면 좋겠습니다

사랑이 많아서 아파하는
당신이 그립습니다

홀로 서기도 힘겨운 당신은
아픈 사람들을 외면하지 않고
따뜻한 온기로 안아줍니다

어느날 쓰러져 일어나지도 못하는
당신을 바라보고 있노라면
안타깝기 그지 없습니다

어쩌다
그리 많은 사랑을
가슴에 담고

그 사랑
나눠주다 떠나버릴 것 같은
당신을 생각하니 눈물이 납니다

이 세상에
조금이라도 오래 살아남아 있기를
간절히 기도해봅니다.

## 너의 아픔이 꽃으로 피어날지도 몰라

작은 들꽃이
큰 나무의 그늘에 가려
피어나지도 못하고 멈춰버렸다
그러나
들꽃은 행복하다

바람이 다가와
힘들고 지칠땐 말하라고 한다

작은 씨앗이 바람에 날려
낯선 곳에서 새싹이 돋아났다
꽃을 피우기 위해
혼자서 울었다

슬픔과 분노 울분이
환한 웃음이 될 때까지
검은 세계가 빛으로 열릴때까지
어둠속에서 그녀는 꽃을 피워냈다.

# 안개 낀 날

안개가 내려
몹시 답답한 날

사람이 그리워지고
행복했던 날이 그리워져
마음이 잔뜩 흐린

안개가 가시덩굴처럼
내 몸을 칭칭 감은 것 같은 날
당신은 어디 계세요

당신의 다정함과
부드러운 음성이
몸서리치게
그리워지는 날.

# 미지의 여인에게

나의 사랑 별빛이여
붉은 빛을 머금고 떨어진
낙엽같구나

나의 호흡이
이 지구상의 그 무엇과 함께
호흡하며 살고 있구나

네가 없음이
오늘같이 쓸쓸함을
더해주는구나

먼 미래에
우주 어느 한 공간에서라도
너를 만나고 싶구나.

# 넌 참 예쁘다

중년이 훌쩍 지난 나이
긴머리 단아한 모습
너는 참 예쁘다

백합꽃처럼 순결하고
아름다운 마음 간직하고 있는
보잘 것 없는 친구도 잊지 않은
너는 참 예쁘다

가녀린 목소리는
네가
삶을 잘 살아 왔음을 말해주는데

아침햇살이 너를 비추고
우리는 함께 숨을 쉰다.

# 한 송이 꽃을 피우기 위해

한송이 꽃을 피우기 위한
꽃봉오리의 한숨을 들었는가

아픔을 견디다 못해
웅크리고 있다

신음소리 한 번에
한가닥 꽃잎을 피우고
한번의 한숨소리에
또 한가닥 꽃잎을 피우다

눈물이 봄비되어 통곡하다가
꽃이 되었다.

# 3

## 추억의 힘

# 추억의 힘

나의 작은 것에도
격려와 찬사를 보내준
유년의 친구들
청산도 골짜기
파도치는 바닷가
기억의 저편이 떠오른다

가난했던 시절
늘 내 앞을 가로막는 것은 파도
섬이 태풍 속에 흔들리는 날
우리는 함께 껴안고 울었다
그 섬을 떠나 거친 파도를 건너
섬을 떠난 지 수십 년이 되어도
함께 울던 밤이 떠오른다

유년의 추억은 힘이 세어서
혼자 있음이 아님을
이제사 깨닫는다.

# 아직도 거기에 있습니다

집터만 남아 있습니다
돌담도 없어졌습니다
수호신처럼 집을 지키던
구렁이도 떠났습니다

집집마다 수도를 설치하여
샘물은
메말라버렸습니다

옛길은 없어지고
호롱불도 없어지고

마을에 하나 있던
전설같은 목욕탕도 없어졌습니다

늦은밤 학교길에
고개넘어 불빛 밝힌 집이 보이면
안도감에 달음질치다 넘어지고 일어서고
앞산에 반짝이는
반딧불이 있었습니다

돌틈 사이에서 전복 잡았던
그 바윗돌은 아직 남아있고
바닷가에서 헤엄치다
공기놀이했던 너바퉁도
아직도 남아있습니다

산넘고 물건너 들녘을 지나
논두렁길 밭두렁길
걸어 다녔던 학교길
십 리 길 걸어 가는
길고도  아득한 험한 길

설날이면 온 동네 꽹가리소리
북소리 징소리 장고소리
아낙네들 소고소리
마을회관에서 확성기로
소리질러 온 동네 사람들 함께 모여
술마시고 춤추고 때로는 쌈박질하고
죽는 날까지 부둥켜안고 살아가는

끈끈한 정으로 뭉쳐 살았던
그시절
선명한 기억속에
머물러 있습니다.

# 내 상상력의 원천

그대를 생각하는 것 만으로도
가슴이 벅차옵니다

언덕길 지나
꼬부랑 고갯길을 지나면
막다른 골목길에 그대의 집이 있었죠

학교길에 지친 쉼터였고
목말라 갈증을 해소하는 우물이었고
허기진 삶의 충전소였습니다

지나간 날들은 아득하고
어머니와 아버지 모습은
기억속에 가물거리지만
지금도 그곳은 내 상상력의 우물,
마음의 뜰안입니다.

# 내게서 부모님을 보다

스무 살 무렵
눈 내리면 은파를 연주했다
눈과 은파는 절묘한 절정을 이루었다

아버지는 상쇠였다
동네 집집마다 돌아다니며
꽹과리를 치던 모습이 아련하다

아버지로부터 물려받은 음악적인 소양이
나를 음악의 세계로 인도했을지도 모른다

어머니는 가녀린 목소리로
민요를 곧잘 하셨다

유전자는 속일수 없는 것
나이 들어갈수록 거울을 들여다보면
거기 아버지 어머니가 계신다.

# 언덕에 앉아

파도가 넘실대는 언덕에 앉아
어머니는 김을 매셨지

가냘픈 몸으로 날갯짓하며
파도를 이겨냈었지

어머니는 땔감을 모았지
나무를 머리에 이고 장에 나가
아이들 옷가지와
사탕을 사들고 오셨지

그 옛날 고무신 신고
고무줄하던 시절

자식 잘 키워보겠다고
자리를 떠나지 않으신 어머니

나이가 들수록
스냅사진처럼 선명하게
생각이 난다.

# 저녁노을

어슴프레한 들녘
몽환적 하늘빛의 청산도에
노을이 서서히 지고 있다

힘든 하루를 마무리하듯
어두워지는 노을이
검게 물들어가고 있다.

# 산채비빔밥

커다란 양푼 속에서
뒷동산 아지랑이 피어오르고
어질어질한 풀향기와
산새들이 지저귄다

노루가 뛰어다니고
참새가 지저귀는 소리
산꾼들의 발자국 소리가 들리고
흙내음이 난다.

# 너를 기억하고 싶다

힘들고 지쳐있을 때
함께 했던 순간들이
그립다

너의 따뜻한 손길
부드러운 말씨
나를 아껴주고
사랑해주는
한 마디 한 마디가
기억속에 잠겨있다

아름다웠던 한 순간들을
놓치고 싶지 않다

희미한 기억들을
간직하고 싶다.

# 풍등

별이 온다
까만 밤하늘에
별이 되어 바람을 타고 내려온다
우리의 마음속에

사랑과 온기의 불빛으로
살며시 다가와
동심의 세계로 인도한다.

임을 기다리듯
초롱초롱한 별빛을 바라보면
또 하나의 아름다운 추억이 된다.

## 어여쁜 나의 신부여

눈부신 신부옆에 긴장하며 서 있다
신부가 한걸음 한걸음 나아간다

신부 옆의 아버지는
울먹일 것 같은 눈물을 삼키며

늠름한 청년에게
어여쁜 신부를 인도한다

딸은 원앙이처럼 그에게 다가간다

반짝이는 조명 아래
숨겨진 아버지의 마음을 바라본다

신랑 신부는 이 순간을 가슴에 안고
첫발을 내딛는다.

## 시를 만나다


한철을 다 보낸 꽃처럼
시들어가다가
뒤늦은 날 너를 발견하였다
참 둔하기도 하지

참으로 슬프다
이제야 첫시집을 내고보니
아쉽지만 다행스럽다
그래도 갈길 먼 사람처럼
마음이 바쁘고 허걱거린다

지금부터라도
영혼이 아픈 사람의 상처를
어루만져 주기위해
시를 쓴다

불에 데어 죽을 수도 있는
뜨거운 시를 만나고 싶다.

# 향기로운 시

인내는 폭발성이 있다
약초의 진액을 뽑으면
한약이 되고
압착시켜 향을 뽑아내면
아로마 향기가 된다

어려움을 승화시켜
언어로 품어내면
아름다운 시가 탄생하고
절제와 인내는
새로운 것을 창조하는
힘이 된다
그러므로 시를 닮은 사람은
향기가 난다.

# 위선자

악을 판 자도 위선자
선을 판 자도 위선자

시인이 되기 전에
인간이고 싶다.

당신의 삶을 노래하며
당신의 아픔을 어루만지고
당신의 상처를 치유하는
시를 써야 하지만
때로는 내 아픔 때문에
혼자서 울기도 한다.

# 시가 오는 날

새벽 2시 30분
누군가에게서 카톡이 와있다
무엇이 잠들지 못하게 하는가

이런 날은 시가 오는 때
풀지 못한 암호가 풀리는 시간

고요한 침묵속에
사물과의 소통이 시작되고
캄캄한 어둠의 얼굴이
보이기 시작한다

무언의 어둠 속에서
침묵으로 다가오는 영감

이런 날은 뜬 눈으로 밤을 지새도
마음이 새롭다.

# 혼돈속에 탄생한 진주


머리가 흔들린다.
번잡한 무의식의 상태에서
수많은 언어의 구슬이
얽히고 설킨다

생각들이 그림자처럼 스쳐
지나간다.

형체를 알 수 없는
생각들이 떠돌아 다닌다

뿌연 안개를 헤치고
혼돈의 상태를 지나
무의식에 취한다

하나씩 태어난
언어의 구슬들을 실로 꿰면
진주목걸이가 된다.

# 아파하지 말아요

할 말이 너무나 많은 당신은
침묵으로 말한다

미소로 말하고
눈짓으로 말한다

그러다가 아픔이 찾아와
벗이 되었다

벗과 침묵으로 사귀다
사랑하게 되었다

그 사랑이 너무 아파
핏빛 꽃이 되었다.

# 지나간 발자국에 꽃이 핀다

꽃과 바람도 거역할 수 없는
따사로운 햇살이 꽃피는
봄날

도심 속에 피어나는
아이들의 웃음소리

찢겨진 창호지
퇴색되고 패인 툇마루
수많은 사연들

한 세대가 가고
무너진 담장 사이로
또 한 세대가 봄볕을 데리고 오고

열정이 스치고 지나간 발자국에
또다른 열정이 꽃으로 피어나고 있다.

# 서운한 생각

내가 딸일 때는
알지 못했던 사실
딸들이 행복했으면 좋겠다

엄마가 되고부터
쭉 그런 맘이 들었지만
딸들은
그 마음을 모른다

결혼한 큰딸에게는
흐트러진 몸매를,
둘째딸에게는
부족한 학문의 길을,
셋째딸에게는 프로가 되고 싶었던
나의 모습을 투사한다

자녀들이 있는 곳은
언제나 나에게
따뜻함으로 다가온다.

# 4

슬픈 여인

# 슬픈 여인

평생토록 남편사랑 받지 못한
혀가 짧은 중증 장애 여인
하루도 쉬지 않고
이불을 팔며 살아간다

제법 부를 누리며
살만하다

모두에게 감사하다
길가에 핀 가로수
벚꽃을 보며
벚꽃춤을 추자

노래를 부르며
그녀는 시린 가슴 한켠을
이불로 덮는다.

# 뒷모습

어느날 갑자기 다가온
폭풍에 휩싸인 밤
소녀의 가녀린 뒷모습

고무줄 하나 질끈 동여 매고
거친 세상을 살아오면서
무엇이 그리 힘겨운지
웃음뒤에 숨겨진 쓸쓸한 작은 미소

여느때는 초라한 모습으로
여느때는 생기발랄한 모습으로
여느때는 부끄러운 모습으로
여느때는 화려한 모습으로
내 마음 속에 자리잡은 그녀,

어머니를 여의고
주체할 수 없는 슬픔
훌쩍이는 작은 어깨가 안쓰럽다.

# 철없는 아이

갓난아이는
어미의 뱃속에서 병과 함께 자랐다

아이가 태어나자 마자
어미는 암판정을 받아
투병을 시작했다

아이가 자라고
병도 자라고
어미는 죽음을 맞이했다

철없는 아이는 장례식장에서
아장 아장 걸어다닌다

문상객 속에서 재롱부리며
품에 안긴다

어미의 죽음을 모른 채
마냥 웃기만 한다.

# 4월의 시

천지가 꽃으로 뒤덮인 4월
추워요
무서워요
물이 차올라와
숨쉴 수가 없어요

깜깜하고 차가운 바다 속으로
열여덟 살 청춘이
침몰하고 있어요.

그런데 탈출하지 말고
가만히 있으라고,

보고싶어요
미안해요
사랑해요

배가 점점 물속으로
갈앉고 있어요
4월 꽃샘추위에
꽃들이 떨어지고 있어요.

# 지적공동체

상아탑에서 일어나고 있는 일들이
옳고 그른지 알 수 없습니다

서로 큰 밥그릇 챙기느라
거짓 선지자들이
큰소리로 외칩니다

나의 지혜으로는
알 수가 없습니다

판단력이 흐려져
벙어리가 되었습니다

생각이 마비된 상아탑
제대로 말문이 트이기를 바랍니다.

# 지지않는 꽃

꽃을 좋아하는
가녀린 소녀
피지도 못하고
멈춰버린 꽃봉오리
이국땅 중국으로
이민을 떠났다

중국말하며 사느라
우울한 꽃

다시 고향으로 돌아와
아름다운 꽃으로,

영원히 지지 않는 꽃으로
이땅에서 함께
지지 않을 꽃으로
피어나길.

# 바람 결이 거칠다

성난 파도처럼
바람이 불어오자
노오란 은행잎이
땅에 떨어져 뒹군다

불만 가득한 사춘기 소녀의
거친 목소리처럼
바람은 큰 한숨을 내쉬고
스산한 날씨가
겨울 폭풍우를 몰고올 기세다

마음이 시린 것은
거친 바람 때문이다
춥고 배고픈 이들의 겨울은
더 꽁꽁 얼어붙겠지.

# 대못

누군가가
가슴에 못을 박혔다
못은 어느새
신체의 일부가 되어버렸다

이제는 뺄 수도 없이
살이 차올랐다

그러는 동안
미움도 사라지고
가슴의 구멍이 메꾸어져 갔다

더이상 아픔이 느껴지지 않을 때
지나온 날들
누군가의 가슴에 못을 박았는지
생각이 골똘해지는 시간이다.

# 한 사람

어느 시인의 말처럼
한 사람이 내게로 온다는 것은
거대한 세상이 내게로 오는 것

그 사람의 과거 현재 미래가
벗어지면

신록에 푸르름을 더해
녹음이 점점 짙어간다

우거진 숲에
산새들이 모여들 듯이
나는 그 사람의 거대한 세상에 사는
신민이 되고
먼 훗날 우리의 역사는
설화가 된다.

# 헛된 망상

나는 편안하고 풍요롭고
돈이 매우 많다고 생각한다

나는 나보다 이웃을 먼저
어려운 사람을 먼저
아픈 사람을 먼저 배려하는
사람이라고 생각한다

나는 나를 필요로 하는 사람을 위해
최선을 다하는
사람이라고 생각한다

나는 정성의 기운을 모아
치유의 손길을 펼치며 사는
사람이라고 생각한다

그러나, 이렇게 생각하는 나는
참으로 교만한 사람,
그러니 세상에서 쓸모있는 사람이라고
우쭐되는 것.

# 색깔있는 남자

무뚝뚝한 사내는
색을 사랑한다

색을 만지고
색을 만드는
색을 사랑하는 남자

마음은 시시각각 움직이는 태양처럼
각도를 옮겨가며
형형색색으로 변한다

색이 그리워
색과 잘 어우러질 수 있는
그 무언가를 찾아 나선다

그러나
그는 여전히 혼자다.

# 태초처럼

바다에 어둠이
스물스물 찾아온다
바닷물도 어느새
검은 빛이 된다

자연의 위대함과
자연스러움을
자연에서 배운다
어둠속에 잠긴다

햇볕은 사라지고
평안한 안식 속으로 빠져든다

조용히
모두가 검은빛이 된다.

하나님이 빛이 있으라 하시기 전처럼
찬란한 어둠이다.

# 고요하다


산골 시냇물이 졸졸졸
흐르는 골짜기처럼
고요함이 출렁인다

인적이 없고 인기척도 없는
이곳에서
외로움을 삼키어
헛헛한 마음을 내려놓는다

누구에게
말 할 수 있는 기운도
열정도 없다

뿌연 연기처럼 어디론가
조용히 사라진다.

# 여름을 지나며

무더위를 맞이하러
푸른바다에 갔습니다

무더위를 이기려 애를 쓰다
꽃을 피웠습니다

푸르름이 가시고
더위가 기승을 부려
마음이 아픕니다

소나기라도 내려와
대지를 적시고
마음을 촉촉하게 해주면
좋겠습니다

우리에게도
푸른 초록이 드리워져
그늘이 되어주면
행복하겠습니다.

# 하늘바다


구름이
파도처럼 일렁이고
밤하늘엔
은하의 강물이 가로지르고 있다

들녘은 평화로운 오후
초록이 그림처럼 펼쳐져 있다

섬들은 바다에서 헤엄치고
섬 사람들의 정겨운 목소리와
삶의 이야기가 들려온다.

# 길을 떠나다

무의식이 인도하는
어딘가로 길을 떠난다

차창가에 흐르는
빗물을 바라보며
흐릿한 생각들을 애써 꺼내본다

기다림에 익숙해진 나는
어쩌면 외로움을 달래기 위해
어디론가 떠나고 싶다
오늘도
무엇인가를 그리워하며
내 마음은 아득한 어디께로 향한다.

# 아침

어스름한 오렌지빛이
부드럽게 다가온다

조용히 속삭인다
신세계가 열린다고,

점점 가까이 떠오르는
찬란한 태양은 아침마다
어둠을 거침없이
몰아 붙인다

날마다 아침이 오지만
날마다 다른 아침이다.

## 회백색 아침

빛소리가 참 좋다
머리에서 부터 발끝까지
어루만지고 보듬어준다

오늘도 어김없이
생활전선으로 달려간다

머스타드 색깔의
마음을 품고
세상속에 잠긴다.

|해설|

# 삶의 의미 모색과 지독한 사랑, 그리고 고향의식

강 경 호
(시인, 문학평론가)

|해설|

# 삶의 의미 모색과 지독한 사랑, 그리고 고향의식

강 경 호
(시인, 문학평론가)

1.

서정시는 시인의 정신세계와 삶의 모습을 드러내 보일 수밖에 없다. 자신의 체험을 시로 형상화시키는 경우가 많기 때문이다. 그러므로 평생 시를 써온 늙은 시인의 시에는 시인이 살아온 삶의 궤적이 마치 오래된 지층의 단면처럼 아로새겨져 있다. 그것들을 통해 시인의 생각과 살아온 내력이 독자들에게 들키는 것은 당연하다.

양승자 시인의 첫 번째 시집 『햇살 가득한 날』에서 시인의 생각과 세계관, 기독신앙에 대한 관심, 그리고 자연의 모습과 시인의 일상에서 발견하는 존재방식에 대한 깨달음, 희로애락의 감정들을 표출하였다.

이번 두 번째 시집 『지나간 발자국엔 꽃이 핀다』에서

도 인간의 존재방식에 관한 탐구, 순수한 사랑에의 감정 표출과 방식의 모색, 고향의식과 가족에 대한 애틋한 감정 등을 보여주고 있어 첫시집의 연장선상에 있다고 할 수 있다.

'인간의 존재방식에 대한 사색'을 보여주는 시편에서는 '인생'의 의미를 묘파하거나 사물을 통해 자신의 삶에 대해 성찰하는 태도를 보여준다.

> 흘러가는 세월을
> 바라만 보지말고
> 하나하나 소중한 것들을
> 초침에 걸어보아요
>
> 날마다
> 오늘은 내가 세상에 태어나
> 처음으로 주어진
> 가슴벅차게 아름다운 날
>
> 마지막이 될 수도 있는
> 떨림의 순간.
> 　　-「최후의 순간」 전문

양승자 시인의 작품들은 대부분 짧은 형식을 취한다. 그러므로 시적 주제들에 대해 절제하고 촌철살인 하듯 간단명료하게 시상을 전개하여 주제를 드러낸다. 이 작품 역시 이러한 시적형식을 잘 보여준다.

"흘러가는 세월을/바라만 보지 말고/하나하나 소중한 것들을/초침에 걸어보아요"라고 한다. 초침은 가장 짧은 단위의 시간을 의미하는 지표이다. 그러므로 '가장 짧은 시간'을 말하는데 짧은 시간일지라도 함부로 소비하지 말고 "하나하나 소중한 것들"에 대해 의미를 가지고 살아야 함을 말하고 있다. 이렇듯 짧은 시간도 가치있게 소비하라고 하며 "날마다/오늘은 내가 세상에 태어나/처음" 맞는 것처럼 "가슴벅차게 아름다운 날"이라는 인식을 하여 살아가야 한다고 말한다. "처음"을 "마지막"처럼 자신의 생을 보낼 때 인생을 보다 가치있게 살 수 있음을 강조한다. 그러므로 이러한 삶을 살아가는 것은 "떨림의 순간"이 될 것이라는 것이다. "떨림의 순간"은 가슴 벅찬 순간이어서 이렇게 살아감으로써 모든 생의 순간이 가치있는 시간으로 이어질 것이라고 한다. 이러한 인생관을 지닌 시인의 삶은, 그러므로 "최후의 순간"이라고 시제를 붙인 것에서 짐작할 수 있듯이 "처음"의 시간도 "마지막"처럼 살아가야겠다는 비장함이 시인의 생을 이끌어가는 것을 알 수 있다.

　　비 오는 날 나뭇잎은
　　빗방울 하나도
　　움켜질 수없다

바닷물이 넘치지만
한움큼도 잡을 수 없고

미워하는 마음도
가슴 속에서 뱀을 닮은
날름거리는 혀도

흩날리는 눈도
어느덧 사라지고

우리의 인생도
빈손으로 왔다가
눈처럼 사라지는 것을.
-「무소유」 전문

　「무소유」에서는 인간 존재에 대한 삶의 방식을 말해주는데, 마치 불교에서 인생의 덧없음을 묘파하여 어떻게 살아야 하는지를 말하고 있다. '무소유'는 말 그대로 아무것도 가지지 않은 텅 빔을 말한다. 인간은 끊임없는 욕망을 추구하는 존재이다. 특히 물질적 가치를 삶의 목적인 양 살아가는 사람들이 대부분이다. 그리고 인간관계에서도 누군가를 미워하는 마음으로 스스로를 괴롭게 한다. 이러한 욕망을 버렸을 때, 즉 텅 빈 마음을 지닐 때 마음의 평안을 가질 수 있다는 것을 알면서도 그렇지 못하는 것이 인간이다. 시적 자아도 그것을 잘 알고 있다. "비 오는 날 나뭇잎은/빗방울 하나도/움켜질 수 없"음을 인식하고 있고 "바닷물이 넘치지만/한움큼도 잡을 수 없"음을 잘 알고 있다. 그러나 "흩날리는 눈도/어느덧 사라지고//우리의 인생도/빈손으로 왔다가/눈처럼 사라지는 것을." 다 알고 있으면서도 끊임없는 욕망 때문에 삶이 파괴되는 것을 수없이 체험으로 인식하고 있지만, 그럼에도 탐욕의 마음을 거두지 못하는 것이 어쩌면 인간의 한계일 수 있다. 이처럼 어리석은 인간의 내면을 그대로 보여주는 것이 이 작품이다.

이처럼 인간은 욕망에 대한 성찰을 수없이 반복하는 존재이다. 그렇기 때문에 옛사람들은 매화·난초·대나무·국화 등을 사군자라고 부르고 그것들을 닮고자 했다.

잘 포장된 고속도로를
달릴 때도 있지만
때때로 굽어도는 길도
예기치 않게 온다

신호등 앞에서
잠시 멈춤의 시간
인생도
어찌 이런 날이 없으랴

솟아오르는 대나무처럼

중간 중간에 매듭을 지어
튼실하게 해주는
밑받침이 된다.

더 높은 곳에서도 넘어지지 않게
바람에 휘어져도
부러지거나 쓰러지지 않게
속을 비우고 매듭을 지어서.
　　　-「대나무에게 배우다」 전문

 인간의 삶을 하나의 길이라고 할 때 "잘 포장된 고속도로를/달릴 때도 있지만/때때로 굽어도는 길도/예기치 않게 온다". 좋은 일도 있고 궂은 일도 있는 것이 인생이라는 길을 걸어가는 것이 삶이다. "신호등 앞에서/잠시 멈춤의 시간/인생도/어찌 이런 날이 없으랴"고 노래하는 것은 길을 가다보면 뚫린 길처럼 질주하는 것만 아니라 때로는 잠시 쉬어가는 것이 인간의 삶이라는 것이다.
 이 작품은 인간의 삶을 길을 가는 것에 비유하며 길을 가다보면 직선처럼 휘어지지 않은 곧은 길을 쉽게 가기도 하지만 굽어도는 길처럼 조금 돌아갈 수도 있고 잠시 쉬어갈 때도 있다는 메시지를 던지고 있다. 특히 대나무가 중간중간에 매듭이 있는 것처럼 길을 가는 것도 잠시 쉬었다가 간다는 것인데, 그것은 마치 매듭이 있어 대나무가 튼실한 것에 인간의 삶을 비유한다. 뿐만아니라 대나무의 속이 빈 것과 매듭이 있음으로 해서 "더 높은 곳에서도 넘어지지 않게/바람에 휘어져도/부러지거나 쓰러지지 않게" 한다는 것이다. 그러므로 대나무의 생태적 특징을 닮으며 살아갈 때 사고없이 평안하게 살 수 있음을 말해주고 있다.

이밖에 '인생'을 묘파한 작품으로 「나만 아픈 줄 알았다」에서는 자신에게 닥친 시련에 대해 자신만이 아픈 줄 알았는데, "힘겨울 때/나만 보려하지 말고/주변을 돌아"보라고 한다. 그러면 자신만 아픈 것이 아니라 누군가도 나처럼 아픈 것을 알 수 있다고 하며 위안을 찾기도 한다. 「술」에서는 "도저히 참기 힘들 때/그래서 죽고 싶을 때/술이나 실컷 마시고" 술에서 깨어나서는 "최선을 다해서 살아보는" 것이라고 한다. 이러한 생각을 비겁하다고 생각하지 말라며 지극히 인간적인 고백을 하기도 한다. 「벚꽃 같은」에서는, "풍성하게 피어나는 벚꽃"이지만 "인고의 시간이 지나" 아름답게 꽃을 피었음을 강조하고, 그러나 "하루아침에 없어질/허무한 꽃"이라며, 언젠가는 죽음에 이를 생명의 슬픔을 노래한다.

2.

양승자 시인의 첫 번째 시집 『햇살 가득한 날』에서도 사랑하는 사람에 대한 사랑의 노래를, 때로는 살가운 마음으로, 때로는 슬픈 마음 등 다양한 정조로 노래하였다. 이번 시집에서도 그의 사랑의 노래는 그치지 않는다.

> 당신이 먼 곳에 있어
> 몸이 멀면 생각도 멀어진다는데
> 멀어질수록 당신 곁으로 간다
>
> 당신이 있는 곳에
> 내 생각이 머물고
> 무수한 생각은 지뢰밭을 건너
> 높은 벽을 넘는다
> 탱자나무 촘촘한 당신의 집으로 향한다
>
> 지뢰에 발목이 잘려나갔어도
> 탱자나무 울타리를 넘어
> 당신 곁으로 가는 것은
> 당신이 내 곁으로 못 오기 때문이어서
> 나의 전부인 당신이 위리안치 당하고 있어서
> 지뢰에 잘려나간 다리를 질질 끌면서도
> 당신을 안는다.
> 　　　　-「멀어질수록 당신 곁으로 간다」 전문

이 작품에서는 '지독한 사랑'이라는 말을 떠올리게 한다. 사랑은 "몸이 멀면 생각도 멀어진다"는 것이 보편적인 인식이다. 그런데 "당신이 먼 곳에 있"어도 "멀어질수록 당신 곁으로 간다". 뿐만 아니라 "당신이 있는 곳에/내 생각이 머물고/무수한 생각은 지뢰밭을 건"넌다. 그리고 "높은 벽을 넘"고 "탱자나무 촘촘한 당신의 집으로 향한다" 하니 '지독한 사랑'이 아닐 수 없다. '지독한'이라는 수사는 욕망의 깊이를 드러낸 말이어서 '지독한 사랑'이라고 말하지 않고 '진실한 사랑'이라는 말이 더 어울릴지도 모른다. 그런데도 불구하고 시적 자아의 집요함이 느껴지는 것은 무엇 때문일까. 이런 경우에는 아무래도 '지독한 사랑'이라고 해야 될 것 같다. '진실한 사랑'이라는 말이 왠지 나약해 보이기 때문이다. 이 작품을 더 읽어가면 "지뢰에 발목이 잘려나갔어도/탱자나무 울타리를 넘어/당신 곁으로" 간다고 한다. 발목이 잘렸는데도 불구하고 탱자가시 날선 탱자나무 울타리를 넘는 일은 사실 불가능한 일임에도 불구하고 시적 자아는 거침없이 사랑하는 사람을 찾아간다. 이렇듯 시적 자아는 발목이 잘렸어도 "탱자나무 울타리를 넘어/당신 곁으로 가는 것은/당신이 내 곁으로 못 오기 때문"인데 "당신이 위리안치 당하고 있어서"라고 한다. 위리안치는 중죄인에게 집 밖으로 나가지 못하게 가두는 형벌인데, 그렇다면 사랑하는 사람은 중죄인이라는 뜻이다. 그럼에도 당신에게 가는 이유는 "나의 전부"이기 때문이다. 참으로 지독한 사랑이라고 할 수 있다.

  양승자 시인의 사랑시편들은 '지독한 사랑'의 메시지를 자주 내보낸다. 양승자 시인의 시적 자아의 사랑에 대한 인식이 어떠한지를 단적으로 보여준다.

> 오늘은 달빛이
> 짙은 안개처럼 포근합니다
>
> 유리창에 입김을 호호 불어
> 달빛같은 너의 모습 그리면
> 검은 밤 하늘에 빛나는 별 하나
>
> 유난히도 반짝이는 별빛이
> 내게 손짓하듯 나를 부르는 밤
> 날이 새도록 유리창 너머 별을 바라보고
> 그날 밤 나는
> 지상에서 빛나는
> 별이 되었습니다.
> 
> -「별이 빛나는 밤」 전문

양승자 시인의 사랑시편에서는 대부분 곁에서 함께 나누는 사랑보다도 위의 작품에서 보았듯이 멀리서 못 오거나 만나기 힘든 상황으로 설정되어 있다. 만나기도 쉽지 않고 만날 수도 없는 사랑으로 설정된 것에서 양승자 시인의 실제의 사랑이 아닐 수 있다. 시적 상상력에서의 사랑의 모습일 수 있다. 이러한 그의 사랑의 모습과 사랑을 갈구하는 마음은 시적 상상력으로 구성된 것일지라도 진실되고 참된 사랑의 의미를 되새기고

자 하는 그의 심상에서 비롯된 것으로 보인다. 이 작품에서는 시적 자아의 사랑의 대상은 아예 지상에 없는 사람이다. 그럼에도 불구하고 사랑의 대상에 대한 그의 마음은 지상을 뛰어넘는다. "오늘은 달빛이/짙은 안개처럼 포근"한 밤이다. 달빛이 은빛으로 쏟아지는 그런 밤 시적 자아는 "유리창에 입김을 호호 불어/달빛같은 너의 모습 그리면/검은 밤 하늘에 빛나는 별 하나"가 있다. 그 별은 밤하늘의 수많은 별 중에 "유난히도 반짝이는 별"이다. 지상과 밤하늘, 즉 인간세계와 우주 사이의 아득한 거리임에도, 그래서 곁에 갈 수 없는 처지여도, 마치 별 하나가 "내게 손짓하듯 나를 부"른다. 여기에서 별 하나가 시적 자아에게 반짝이는 별빛으로 부른다고 하고 있지만 시적 자아가 유리창에 입김을 불어 사랑하는 사람을 그려냄으로서 별로 상징화된 사랑하는 사람을 부른 것이다. 이에 별이 호응한 것으로 이해할 수 있다. 이처럼 시적 화자는 별을 "날이 새도록 유리창 너머"로 바라본다. 날이 새면 별도 사라질 것은 당연한 것이어서 시적 화자는 별의 모습이 사라질 때까지, 즉 한정없이 바라볼 것이다. 시적 자아의 지극한 사랑의 마음을 읽을 수 있는 대목이다. 그런데 "그날 밤 나는/지상에서 빛나는/별이 되었"다고 한다. 별이 됨으로써 그리운 밤하늘의 별과 함께 할 수 있음으로 서정시의 원리인 동일성의 시학이 완성되었다고 볼 수 있다.

다음의 「봄날에」는 생명의 근원을 묘파하고 동일성을 이룬 작품이다.

> 따사로운 햇빛
> 살랑이는 바람
> 시냇물 따라
> 내 마음은
> 그대 곁으로 가고 있어요
>
> 봄의 꽃잎으로
> 연초록빛 여린잎으로
> 자연과 하나가 되었어요
>
> 까마득한 봄날이었지요
> 당신은 꽃으로 피어나고
> 나는 연초록 여린 잎으로
> 봄이 다 가고
> 계절이 이슥해지도록
> 당신과 함께 했던 날들이
> 희미해지는
> 또 다른 봄날에.
> -「봄날에」 전문

'봄'은 추운 겨울이 지나가고 온갖 생명들이 다시 살아오는 생명의 계절이다. "따사로운 햇빛/살랑이는 바람/시냇물 따라/내 마음은/그대 곁으로 가고 있"다. 시적 대상인 "그대"는 "봄의 꽃잎으로/연초록 여린 잎으로 피어나고/나는 연초록 여린 잎으로" 피어났으니 시적 자아와 시적 대상은 인간의 몸으로 만난 것이 아니라 꽃잎과 여린 잎으로 만난 것이다. 언젠가 지상에서 인간의 몸으로 "봄이 다 가고/계절이 이슥해지도록/당신과 함께 했던 날들"이 있었을 것이다. 그러나 이제는 꽃잎과 여린 잎으로 만나 "당신과 함께 했던 날들"을 회상하고 있다. 인간이 죽어 꽃이 되고 여린 잎이 되어 다시 조우하는 일을 인간의 지혜로 그것이 가능한지를 어찌 알겠는가마는 시인의 시적 상상력은 또다른 생명의 모습으로 만나 조우하는 모습을 잘 형상화시켰다.

이밖에도 양승자 시인의 시편 중에는 사랑하는 사람의 부재에 대해 그리움으로 "안개가 가시덩굴처럼/내 몸을/칭칭 감은 것 같은 날/당신은 어디 계세요" 하면서 그리운, 그러나 부재의 대상을 그리운 심정으로 찾기도 하고, 「미지의 여인에게」에서는 "네가 없음이/오늘같이 쓸쓸함을/더해주는구나" 하면서 간절한 그리움으로 그리워한다.

4.

서정시가 추구하는 것 중 하나는 '고향'이나 '유년'을 그리워함으로써 세상에서 물들 오욕을 씻어내고자 하는 것이다. 그런 까닭에 대부분의 시인들의 작품에서 '고향'과 '유년'을 회상한다. 고향은 가장 순수한 마음을 간직했던 유년이라는 시간과 함께 한 공간으로 '아버지', '어머니', '형제', '벗'들과 함께 했던 추억을 그리워 함으로써 세상에서 찌든 마음을 정화시킬 수 있기 때문이다. 그러나 고향과 유년은 마음속에만 존재하는 것으로 다시 돌아갈 수 없는 영역이다. 그럼에도 고향과 유년의 때묻지 않은 자신의 모습을 되돌아볼 수 있다는 측면에서 자주 고향과 유년을 호출하는 것이다.

특히 양승자 시인은 그의 고향 청산도라는 섬을 파도에 갇힌 곳으로 인식하고 이러한 환경이 시인을 성장시킨 힘으로 인식하고 있고, 어머니의 사랑, 고향 상실을 진정성 있게 살피고 있다. 그러므로 시인에게 고향은 시련의 현장이면서도 자신을 성장시킨 원동력으로 작용하고, 유년의 추억을 회상하면서 그리워하는 공간이다.

> 나의 작은 것에도
> 격려와 찬사를 보내준
> 유년의 친구들
> 청산도 골짜기
> 파도치는 바닷가
> 기억의 저편이 떠오른다
>
> 가난했던 시절
> 늘 내 앞을 가로막는 것은 파도
> 섬이 태풍 속에 흔들리는 날
> 우리는 함께 껴안고 울었다

그 섬을 떠나 거친 파도를 건너
섬을 떠난 지 수십 년이 되어도
함께 울던 밤이 떠오른다

유년의 추억은 힘이 세어서
혼자 있음이 아님을
이제사 깨닫는다.
 -「추억의 힘」 전문


 이 작품은 양승자 시인의 고향과 유년의 시적 배경이다. 이 작품에서는 유년에는 가난했지만, 그리고 파도가 길을 가로막았지만 그때의 환경이 시적 자아가 살아가는데 힘이 되었음을 말하고 있다. 뿐만 아니라 "나의 작은 것에도/격려와 찬사를 보내준/유년의 친구들"은 물론 "청산도 골짜기/파도치는 바닷가"가 시적 자아의 내면에서 세상을 살아가는데 커다란 에너지로 작용하고 있음을 드러낸다. 그러나 "가난했던 시절/늘 내 앞을 가로막는 것은 파도"였음을 고백한다. 지금은 시인의 고향 "청산도"가 슬로우시티로 지정되어 살기 좋은 곳이지만 시적 자아의 유년에는 가난해서 배가 고팠으며, 파도에 갇혀 섬을 떠나지 못했던 불모의 땅으로 인식되었다. 그러므로 "섬이 태풍 속에 흔들리는 날/우리는 함께 껴안고 울었다"고 회상한다. 이후 "그 섬을 떠나 거친 파도를 건너/섬을 떠난 지 수십 년이 되어도/함께 울던 밤"을 떠올릴 수 있는 여유를 보여준다. 유년의 고향에서의 삶은 힘들고 배가 고팠지만 그것들이 자양분이 되어 오히려 유년에서의 고달픈 견딤의 시간들이 세상을 살아가는데 힘이 되고 있음을 회상한다. 그래서 "유년의 추억은 힘이 세어서/혼자 있음이 아님을/이제사 깨닫는다." 함께 했던 유년의 벗들은 물론 "가난"과 '길을 가로막던 파도'마저 함께 하고 있음은 그것들이 유년의 꿈을 키우는데 일조했음을 시적 자아가 늘 인식하고 있음을 말한다.

「언덕에 앉아」는 유년의 어머니를 추억하며 어머니의 사랑을 되새기고 있다.

> 파도가 넘실대는 언덕에 앉아
> 어머니는 김을 매셨지
>
> 가냘픈 몸으로 날갯짓하며
> 파도를 이겨냈었지
>
> 어머니는 땔감을 모았지
> 나무를 머리에 이고 장에 나가
> 아이들 옷가지와
> 사탕을 사들고 오셨지
>
> 그 옛날 고무신 신고
> 고무줄하던 시절

자식 잘 키워보겠다고
자리를 떠나지 않으신 어머니

나이가 들수록
스냅사진처럼 선명하게
생각이 난다.
　　　　-「언덕에 앉아」 전문


　가부장제도에서 우리의 어머니들은 늘 가족을 위해 사랑을 베풀었다. 아니 자신을 희생시켜 가족의 버팀목이었다. "파도가 넘실대는 언덕에 앉아/어머니는 김을 매셨"고, "가냘픈 몸으로 날갯짓하며/파도를 이겨냈었"던 일꾼이었다. 그뿐만이 아니었다. "어머니는 땔감을 모았"고, 그 땔감을 "머리에 이고 장에 나가/아이들 옷가지와/사탕을 사들고 오셨"다. 어머니는 화수분 같은 존재여서 아기새를 먹여살리기 위해 하루에도 수십 번씩 먹이를 잡아 나르는 어미새 같았다. 시적 자아가 "고무신 신고/고무줄하던 시절"에도 "자식 잘 키워보겠다고/자리를 떠나지 않"고 늘 자신의 자리를 지킨 존재였다. 이처럼 '어머니'라는 존재는 왜 뜨겁고 가슴시리고 아프게 다가오는 이름일까? 자신이 어머니가 되어 자식을 기르는 처지가 되어보니 "나이가 들수록/스냅사진처럼 선명하게/생각이" 나는 것이다. 이처럼 세상의 모든 어머니는 자신을 위해 아무것도 하지 않고 오직 자식들을 생각하며 사랑을 베풀고 희생하는, 그래서 자식이 성장하여 유년의 어머니를 떠올리면 따스하게 다가오는 존재임을 시인은 뜨겁고 시린 마음으로 생각하는 것이다.

  시인에게 고향은 마음 속에만 존재하는 것이다. 주지하다시피 우리나라는 근대화의 속도가 무척이나 빨라 상전벽해(桑田碧海)라는 말처럼 많은 것이 변해버렸기 때문이다. 이제 '10년이면 강산도 변한다'는 말은 무척이나 빠른 변화에 대해 느릿한 말처럼 느껴질 정도이다. 다음 작품 「아직도 거기에 있습니다」는 고향에 돌아가 고향집과 고향마을을 바라보는 시인의 상실감이 묻어난다.

    집터만 남아 있습니다
    돌담도 없어졌습니다
    수호신처럼 집을 지키던
    구렁이도 떠났습니다

    집집마다 수도를 설치하여
    샘물은
    메말라버렸습니다

    옛길은 없어지고
    호롱불도 없어지고

마을에 하나 있던
전설같은 목욕탕도 없어졌습니다

늦은밤 학교길에
고개넘어 불빛 밝힌 집이 보이면
안도감에 달음질치다 넘어지고 일어서고
앞산에 반짝이는
반딧불이 있었습니다

돌틈 사이에서 전복 잡았던
그 바윗돌은 아직 남아있고
바닷가에서 헤엄치다
공기놀이했던 너바퉁도
아직도 남아있습니다
　　　－「아직도 거기에 있습니다」 부분

  부모님과 어린 형제들이 함께 했던 고향을 찾은 시적 자아는 사라지고 집터만 남은 옛 고향집 앞에 서 있다. "돌담도 없어졌"고, "수호신처럼 집을 지키던/구렁이도 떠"나 사라진 것들에 대해 아쉬워한다. 변해버린 것은 그것만이 아니다. "집집마다 수도를 설치하여/샘물은/메말라버렸"다. 메마른 샘을 바라보는 시적 자아의 심정은 무척이나 상실감이 컸을 것이다. 사라지고 변해버린 것에는 자신과 유년의 추억을 공유하고 있는 사람들의 삶이 배어있는 장소이며 공간이기 때문에 이 상실감은 추억조차 훼손된다는 생각을 가지기 때문이다. 우리 나라의 근대화는 특히 1970년대 새마을운동을 기점으로 많은 발전을 가져왔다. 그렇지만 우리의 정체성까지 훼손시킨 부분이 있어 문화적인 부작용을 가져온 것이 사실이다. 이러한 배경 속에서 잃어버린 것에 대한 시적 자아의 상실감은 순수하고, 해맑고, 그래서 아름다운 정신적 가치나 정서를 그리워하며 안타까워하는 것이다. 그래서 "마을에 하나 있던/전설같은 목욕탕도 없어졌"다며 탄식하는 것이다. 사라진 목욕탕에서의 수많은 추억들을 시적 자아는 여전히 간직하고 있는 까닭이다.

이 작품은 매우 긴 서사로 이루어진 작품이다. 늦은 밤 하교길의 추억, 공기놀이 했던 너바통, 즐겁고 행복했던 설날의 추억, 그리고 무엇보다도 끈끈한 유대로 살아가던 고향마을 사람들의 인정을 잊지 못하고 떠올리고 있다. 그것은 고향이라는 장소가 실존의 조건이었으며 토대였기 때문이다. 그리고 그곳은 지각공간의 인지와 경험이 이루어진 바탕이었으며, 일생동안 가슴 속에 담고 살아갈 인성이 형성된 유년의 실체적 공간이었기 때문이다.

이밖에도 '유년'과 '고향'을 형상시킨 작품으로는 「내 상상력의 원천」에서 "지금도 그곳은 내 상상력의 우물"이라며 "그대를 생각하는 것만으로도/가슴이 벅차"오른다고 한다. 「내게서 부모님을 보다」에서는 고향을 노래한 작품은 아니지만 생명의 원천인 부모님의 모습을 성장하고 어른이 되어 살아가면서 "동네 집집마다 돌아다니며/꽹과리를 치던" 상쇠였던 아버지의 모습이 "음악적인 소양"을 가진 자신의 모습에서 부모님을 떠올림으로써 끈끈한 혈육의 정을 느껴보기도 한다.

양승자 시집
## 지나간 발자국에 꽃이 핀다

2022년 5월 25일 인쇄
2022년 5월 30일 발행

지은이 | 양 승 자
펴낸이 | 강 경 호
인쇄·기획 | 도서출판 시와사람
등 록 | 1994년 6월 10일 제 05-01-0155호
주 소 | 광주시 동구 양림로119번길 21-1(학동)
전 화 | (062)224-5319
팩 스 | (062)225-5319
E-mail | jcapoet@hanmail.net

ISBN 978-89-5665-629-8 03810

값 10,000원

* 잘못된 책은 바꾸어 드립니다.

**공급처 ■ 한국출판협동조합**
경기도 파주시 탄현면 오금로 30
주문전화 (02)716-5616, 070-7119-1740